LA Abeja Y LA Flor
The BEE and the FLOWER

Rebecca Bielawski

Edición del texto
Francisco Toca Jiménez

www.booksbeck.com

A las abejas les gustan las flores.
¡Mira! ¡Aquí viene una!
Bees like flowers.
Look! Here comes one!

Tiene un cuerpo peludo,
pero no la toques porque...

She has a fluffy body,
but don't touch her because...

puede picar
si le das un susto.

she can sting
if you give her a fright.

Yo no las molesto.
Están trabajando.
Solo las miro...

I don't bother them.
They are working.
I just watch them...

como meten sus caritas dentro de las flores.

as they put their little faces in the flowers.

A las abejas les gustan las flores.
Bees like flowers.

Los colores les atraen
The colours attract them

y el néctar que está muy dulce.

and the nectar that is very sweet.

Cuando ellas dejan la
flor algo se pega a sus pies.

When they leave the flower,
something sticks to their feet.

Es polen amarillo.
It's yellow pollen.

Ella lo lleva a otra flor.

She takes it to another flower.

A las flores les gusta las abejas también.

Flowers like bees too.

"Gracias abejas" dicen.

"Thank you bees", they say.

Llevando el polen
habra más flores.

By taking the pollen
there will be more flowers.

Esto se llama
colmena.
Es la casa de
las abejas.

This is called
a beehive,
It is the bees'
house.

La reina pone
sus huevos dentro.

The queen lays
her eggs inside.

Las abejas usan el néctar para hacer miel.
Bees use the nectar to make honey.

Se la dan a los bebés.
They give it to the babies.

La miel es deliciosa.
Honey is delicious.

Nuestros amigos las abejas te darán un poquito...
Our friends the bees will give you a little bit...

si lo pides por favor.

if you say, "Please".

Por eso a las abejas les gustan las flores,

That's why bees like flowers,

y por eso...

and that's why...

me gustan las abejas.

I ♥ BEES

Fin
The End

Los insectos tienen seis patas.
Insects have six legs.

Los cuerpos de los
insectos tienen tres partes.
The bodies of
insects have three parts.

¿Soy un insecto?
Am I an insect?

Flores Flowers

Amapola
Poppy

Girasol
Sunflower

Margarita
Daisy

Encuéntralas en el cuento
Find them in the story

La serie bilingüe
MAMI NATURALEZA

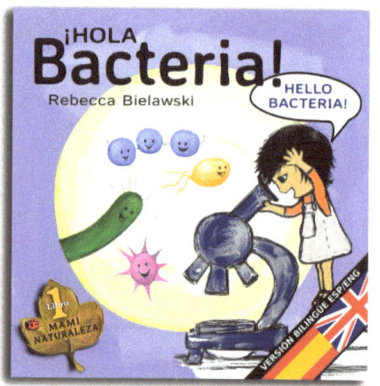

Hola Bacteria
Hello Bacteria

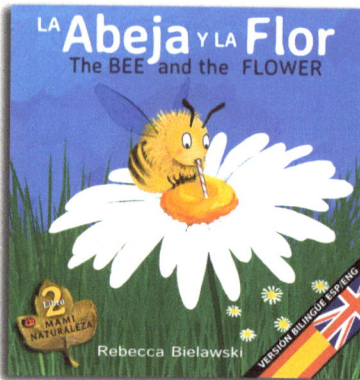

La abeja y la flor
The Bee and the Flower

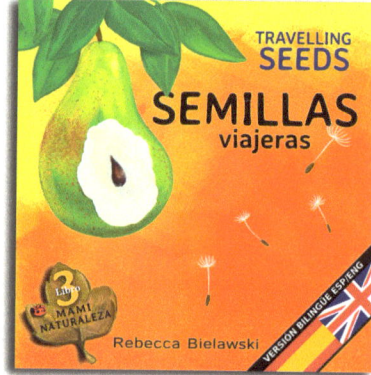

Semillas viajeras
Travelling Seeds

Más libros

Cositas de monitos

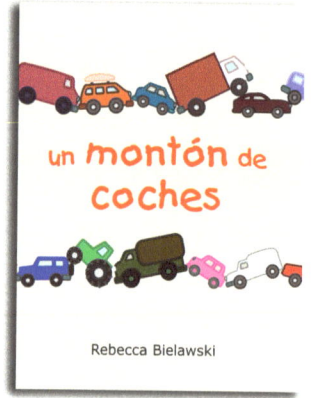

Un montón de coches

Alphabeti-cool

Ver muestras de libros, bocetos, artículos de la autora, mantenerse al día sobre promociones y nuevos lanzamientos de Rebecca Bielawski
Libros electrónicos e impresos en español e inglés

www.booksbeck.com/es